Reise durch

SIZILIEN

Bilder von

Max Galli

Texte von

Ralf Nestmeyer

Stürtz

INHALT

Erste Seite: *Catania, die quirlige Metropole an der Ostküste, besitzt noch viele lauschige Winkel, wo die Zeit stehen geblieben scheint.*

Vorherige Seite: *Nächtliche Traumkulisse: Der Normannendom von Cefalù wacht seit mehr*

als acht Jahrhunderten über den Ort.

Unten:
Die Liparischen oder auch Äolischen Inseln sind allesamt vulkanischen Ursprungs. Vom Belvedere di Quattrocchi auf der namengebenden Insel Lípari blickt man auf die Nachbarinsel Vulcano und die Bucht Spiaggia Valle Muria.

Seite 10/11:
Die Piazza della Marina der Hauptstadt Lípari an der Ostküste der gleichnamigen Insel ist der beliebteste Treffpunkt am Abend.

BOUTIQUE
TENTAZIONE
IL GABBIANO
Bar Gelateria
BAR "Al Pescatore"
ROSTICCERIA
GELATERIA
SELF SERVICE
TAVOLA CALDA

TABACCHI PROFUMERIA SOUVENIR

SIZILIEN – INSEL

Módica fügt sich lückenlos in die Reihe der berühmten Barockstädte Siziliens. In Ober- und Unterstadt geteilt, besitzt Módica mehrere sehenswerte Kirchen sowie eine große Zahl prachtvoller Bürgerhäuser aus der Zeit des barocken Wiederaufbaus nach dem Erdbeben von 1693.

Italien ohne Sizilien macht gar kein Bild in der Seele: hier ist erst der Schlüssel zu allem«, stellte Goethe vor mehr als 200 Jahren fest. Es gibt jedoch Gründe, an dieser Behauptung zu zweifeln, auch wenn Garibaldis Kampf um die Einheit Italiens in Marsala seinen Anfang nahm. Sizilien ist nicht Italien, Sizilien ist schillernder und bunter: Sizilien ist eine archaische Insel, reich an Klischees, Mythen und Tradition. Zwar ist die Straße von Messina nur drei Kilometer breit, doch zwischen der Insel und dem italienischen Festland liegen Welten: politisch, sozial, wirtschaftlich und mental.

Im Gegensatz zum italienischen Festland wurde Sizilien im Laufe seiner wechselhaften Geschichte nicht nur von den Römern geprägt; Griechen, Araber, Normannen und Spanier haben auf der strategisch wichtigen, im Zentrum des Mittelmeeres gelegenen Insel ihre mannigfaltigen Spuren hinterlassen, haben Oliven- und Mandelbäume sowie Weinstöcke importiert, prachtvolle Tempel, erhabene Normannendome errichtet und barocke Lebenskunst inszeniert. Sizilien ist so vielgestaltig, dass man die Insel leicht mit einem kleinen Kontinent vergleichen kann. Bedingt durch den über 3350 Meter hohen Ätna weist Sizilien die unterschiedlichsten Klimazonen mit der dementsprechenden Vegetation auf. Ungeachtet aller Naturschönheiten ist Sizilien als bevölkerungsreichste Mittelmeerinsel vor allem von ihren Städten geprägt. In Taormina zeigt sich Sizilien von seiner Schokoladenseite, doch wer den Puls der Insel spüren will, muss Palermo und Catania mit ihrer lustvollen Großstadthektik und dem nur selten verstummenden Straßenlärm gesehen haben.

ZWISCHEN MYTHOS UND MODERNE

VON DER NATUR VERWÖHNT

Den großen Reiz Siziliens machen die unterschiedlichen Landschaftsszenarien aus. Auf einer Fläche von mehr als 25 000 Quadratkilometern wechseln sich sonnenverbrannte Getreidefelder mit ockerfarbenen, baumlosen Hügeln ab, von denen sich eine unvergleichliche Fernsicht bietet. Im Westen, rund um Marsala, gedeihen prächtige Weinstöcke, und Kakteenfrüchte leuchten mit Honigmelonenfeldern um die Wette. Sizilien ist ein vom Klima verwöhntes Paradies! Der gesamte Osten der Insel wird von dem mächtigen Feuerkegel des Ätna dominiert. Erdbeben und Lavamassen konnten zwar alte Bausubstanz zerstören, nicht jedoch die sizilianische Lebensfreude. Im Gegenteil: Die Sizilianer wissen, was sie an ihrem Vulkan haben. Dank des fruchtbaren Vulkangesteins gedeihen an seinen Flanken Tomaten, Orangen, Zitronen und Wein. Weiter im Norden steigt kurz hinter Messina ein mächtiger Gebirgszug empor, der entlang großer Teile der Nordküste verläuft. Diese spärlich besiedelte Berglandschaft, die nur wenige Passstraßen durchqueren, wird zu Beginn als Monti Peloritani, im weiteren Verlauf als Nébrodi und schließlich als Madonie bezeichnet. Charakteristisch sind die tief eingeschnittenen Täler und der in höheren Lagen dichte Waldmantel. Da sich oft Wolken an den Bergen abregnen, erfreut sich das Auge an blühenden Gärten und einer üppigen Flora. An der Nordküste sowie auf den kleineren Inseln lassen sich immer wieder verträumte Buchten mit kristallklarem Wasser entdecken.

SONNENDURCHFLUTETE LÄNDEREIEN

Wer Sizilien wirklich kennen lernen will, darf das Landesinnere nicht aussparen. Sizilien ist die größte Insel des Mittelmeeres und damit auch am stärksten landwirtschaftlich geprägt. Die goldgelben Weizenfelder sind allerdings längst nicht mehr so zahlreich wie in der Antike, als die Insel sich rühmen konnte, die Kornkammer des Römischen Reiches zu sein, doch arbeitet noch immer jeder vierte Sizilianer in der Landwirtschaft. Die für Mitteleuropa so typischen, über das Land verstreuten Bauernhöfe fehlen vollkommen, die Bevölkerung lebt in kleinstadtgroßen Dörfern. Einzelgehöfte oder kleine Weiler mit ein paar Häusern gibt es so gut wie nicht. Die Gründe hierfür wurzeln in der Vergangenheit: Die riesigen Ländereien gehörten zumeist adeligen Großgrundbesitzern, die ihr Land jeweils nur für wenige Jahre verpachteten. Die auf Profit bedachten Pächter bewirtschafteten die Felder wiederum mit Tagelöhnern, die heute hier, morgen dort eingesetzt werden konnten, und von ihrem Heimatdorf oft stundenlang zu ihrem »Arbeitsplatz« unterwegs waren. Das sizilianische Latifundiensystem existiert bis heute und ist eine der Hauptursachen für die Armut der Insel. Wie schwer es ist, das Land zu bestellen, wird vor allem in den Sommermonaten spürbar. Dann verwandeln sich weite Teile Siziliens in ein versengtes, in der Hitze brütendes Land, dessen öffentliches Leben weitgehend erstarrt ist. Die nackten, steinigen Hügel sind ausgedörrt, hier und da stehen ein paar magere Olivenbäume und mit Staub bedeckte Kakteen. Der Asphalt glüht, kein Mensch ist unterwegs.

MAGNA GRAECA

Mediterrane Landschaft, die der ihrer Heimat glich, fanden auch die alten Griechen vor, als sie, von ihrem Expansionsdrang getrieben, ausschwärmten, um neue Siedlungsräume zu erschließen. Angefangen von Selinunte über Eraclea Minoa und Agrigento bis hin zu Gela und Siracusa haben sich die Kolonisten dieses Küstensaumes bemächtigt, ihn kultiviert und ihm zu einer ungeahnten Blütezeit verholfen. Sizilien war in wirtschaftlicher und militärischer Hinsicht eine der bedeutendsten Regionen des antiken Großgriechenlands (Magna Graeca). Eine der größten Kulturleistungen der Griechen war bekanntlich der Tempelbau, und so verwundert es nicht, dass rund ums Mittelmeer nirgendwo größere und prächtigere Tempel stehen als in Sizilien. Die griechische Baukunst zeichnet sich stets durch die einzigartige Verschmelzung von Architektur und Landschaft aus. Vor allem das antike Agrigento ist ein wunderbares Beispiel für die Begabung der Griechen, ihre Bauwerke an den landschaftlichen Gegebenheiten auszurichten.

ARABISCHES ERBE

Durch seine zentrale Lage im Mittelmeer wurde Sizilien schon vor mehr als 2000 Jahren zu einer Drehscheibe zwischen Okzident und Orient. Bereits die Römer und Karthager stritten sich hier um die Vorherrschaft.

Ein Schauspiel für die Augen und die Seele ist die Karfreitagsprozession in Érice. Die zu anderen Zeiten eher ruhige mittelalterliche Stadt liegt auf dem über 700 Meter hohen Mons Eryx.

Nach dem Ende des Römischen Reiches und den Wirren der Völkerwanderungszeit gelang es den Sarazenen, dieses Machtvakuum für mehr als zwei Jahrhunderte zu füllen. Die Arabisierung Siziliens erfasste den Westen der Insel viel intensiver als den Osten, wo der byzantinische Einfluss dem heftigen arabischen Vormachtstreben Widerstand leistete. Die arabische Vergangenheit ist in den Ortsnamen bis heute gegenwärtig: So ist Marsala der »Hafen Allahs« (Marsa al Allah) und Caltabellotta eine »Burg aus Eichen« (Qalat-al-Ballut). In manchen Schulen wird Arabisch noch vor Englisch als Fremdsprache gelehrt und in Marzara del Vallo, dem größten Fischereihafen Siziliens, gibt es gar ein richtiges Kasbah-Viertel mit orientalischem Flair und einem Hammam (Schwitzbad) zu bewundern. Zum kulinarischen Erbe Westsiziliens gehört außerdem, dass man sich in fast jedem Restaurant auf die Zubereitung von Couscous versteht. Und auch in der Mentalität der Sizilianer hat die arabische Vergangenheit ihre Spuren hinterlassen. Ist nicht »che cosa vuoi« die sizilianische Übersetzung von »inschallah«?

PALERMO, DIE SCHILLERNDE INSELMETROPOLE

»Wer dies alles gesehen hat, vergisst es nicht mehr«, notierte Goethe nach seiner Ankunft in Palermo, und noch immer haben seine Worte Bestand: Palermo ist Sizilien in seiner kondensierten Form. Auch mehr als 200 Jahre nach Goethe sollte man sich Siziliens Hauptstadt vom Meer her, zu Schiff, nähern. Denn dann, und nur dann, zeigt sich die Inselkapitale in ihrer ganzen Würde.

Von den ausgedehnten Orangen- und Zitronenhainen, derentwegen Palermos Ebene einst den Namen »Conca d'oro« (goldene Muschel) erhielt, ist indes fast nichts mehr auszumachen. Die Vororte haben sich weit in die Landschaft hineingefressen; gesichtslose Neubauviertel sind an die Stelle der einst so üppigen Vegetation getreten. Mehr Glück war der Altstadt von Palermo beschieden; sie hat sich ihre Reize weitgehend bewahren können. Gleichwohl schwebt die Geißel des Verfalls drohend über der Stadt. Nur einen Steinwurf entfernt von den Prachtboulevards und Palazzi führen Treppen ins Leere und gähnen die Ruinen abbruchreifer Häuser in den Himmel.

Dennoch herrscht kein Stillstand, im Gegenteil: Seitdem Leoluca Orlando 1993 erstmals zum Bürgermeister gewählt wurde, hat sich vieles zum Positiven gewandelt. Symbolträchtig war die Wiedereröffnung des berühmten Teatro Massimo, das nach dreiundzwanzigjährigen Renovierungsarbeiten 1997 glanzvoll eingeweiht worden ist. Kultur- und Sozialprojekte sowie weitere imagefördernde Maßnahmen folgten. Wer Palermo in den letzten Jahren wiederholt besucht hat, müsste blind sein, wenn er die Aufbruchsstimmung nicht wahrgenommen hätte. Selbst nachts sind die Gassen der Altstadt wieder mit Leben erfüllt, die Angst vor Überfällen gehört der Vergangenheit an.

DAS TOR ZUR UNTERWELT

Palermo ist reich an Sehenswürdigkeiten, doch eine fasziniert vor allem durch ihre morbide Atmosphäre. Im Convento dei Cappuccini führt eine Treppe hinunter in das »Reich des Todes«. Die Rede ist von den klösterlichen Katakomben, in denen die sterblichen Überreste einer in Samt und Seide gewickelten Gesellschaft auf den jüngsten Tag zu warten scheinen. Ursprünglich als letzte Ruhestätte verstorbener Mönche gedacht, wurden die Katakomben später erweitert und standen gegen Bezahlung einer breiten Öffentlichkeit zur Verfügung. Doch selbst im Tode wurde die soziale Rangordnung gewahrt: So blieb eine Wand den Professoren vorbehalten, in einem anderen Gang ruhen die Kardinäle, und in der Frauenabteilung war die vornehmste Sektion für die Jungfrauen reserviert. Reiche Bürger kauften sich bis zum Ende des 19. Jahrhunderts einen Platz in den Katakomben, damit sie noch nach ihrem Tode unter den Lebendigen weilen konnten. Die Hinterbliebenen hielten ihre teuren Toten in Ehren und brachten ihnen Kleider und Parfüm. Manche wurden direkt an der Wand befestigt, wo sie in ihren mittlerweile zerschlissenen Gewändern an die Vergänglichkeit des Daseins erinnern, andere liegen in offenen Särgen. Berühmt ist der hervorragend konservierte Leichnam der zweijährigen Rosalia, die erst 1920 hier ihre letzte Ruhestätte fand.

Sizilien ist keine reiche Insel: Im Landesinneren, hier bei Segesta, gehören Schafherden noch immer zum gewohnten Bild.

Drei Viertel der Inselfläche werden auch heute noch landwirtschaftlich genutzt.

DIE EHRENWERTE GESELLSCHAFT

Sizilien wird gemeinhin mit der Mafia gleichgesetzt. Jahrzehntelang hielt die organisierte Kriminalität die Insel im Würgegriff. Erpressung und heimtückische Mordanschläge gehörten zum sizilianischen Alltag. Ein Wandel setzte erst 1992 nach den Attentaten auf die Ermittlungsrichter Giovanni Falcone und Paolo Borsellino ein. Innerhalb kürzester Zeit konnte die Polizei zahlreiche Fahndungserfolge verbuchen. Doch auch nach der Verhaftung von Totò Riina, dem Boss der Bosse, war die Macht der Mafia noch nicht gebrochen. Allerdings hatte sie viel von ihrer einstigen Bedeutung eingebüßt, da sie es nicht vermochte, ihre Mitglieder vor dem Zugriff der Obrigkeit wirkungsvoll zu schützen. Skrupellose Kämpfe zwischen den einzelnen Mafiasippen, die innerhalb weniger Jahre mehrere hundert Todesopfer gefordert hatten, bewirkten ein Übriges, so dass sich etliche Mitglieder der Verlierersippen bereitwillig der Justiz als Kronzeugen zur Verfügung stellten. In einer Aufsehen erregenden Prozesslawine wurden nicht nur zahllose Mafiosi zu langjährigen Haftstrafen verurteilt, sondern auch die engen Verbindungen zwischen führenden Wirtschaftsbossen, Politikern und gemeinen Kriminellen aufgedeckt. Selbst bis zur hohen Kultur reichen die Verbindungen: So wurde im Frühjahr 2001 publik, dass im renommierten Institut für Antikes Drama in Siracusa mafiose Machenschaften zu Veruntreuungen in Millionenhöhe geführt hatten.

Nichtsdestotrotz lassen die Erfolge der Justiz hoffen. Die Gewalttätigkeiten sind beispielsweise stark rückläufig: Die Zahl der Morde, die Anfang der neunziger Jahre in Palermo noch bei über zweihundert pro Jahr gelegen hat, ist auf sieben gefallen! Doch ob die Mafia, die zeitweise mehr als ein Drittel des sizilianischen Wählerpotentials kontrollierte, endgültig besiegt werden kann, hängt sicherlich auch davon ab, inwieweit der italienische Staat die sozialen Probleme des Südens in den Griff bekommt. Eine Arbeitslosenquote, die weiterhin deutlich über 20 Prozent liegt, bietet der Mafia sicherlich gute Chancen für ein Comeback.

EWIG STRAHLENDES TAORMINA

Seit sich Sizilien als klassisches Reiseziel etabliert hat, führt kein Weg an Taormina vorbei, einzig die Reisezeit hat sich verändert. Vor mehr als hundert Jahren kamen das europäische Großbürgertum und Künstler wie Richard Wagner, Emil Nolde und André Gide nach Taormina, um den Winter im milden Klima Siziliens zu verbringen und sich an der üppigen Vegetation zu erfreuen. Der Schriftsteller Guy de Maupassant pries die Stadt damals in den höchsten Tönen: »Falls jemand nur einen Tag in Sizilien verweilen könnte und mich fragen würde: 'Was muss ich gesehen haben?', würde ich ohne zu zögern antworten: 'Taormina'. Dieses Dorf ist ein Gemälde, aber eines, auf dem man alles gemalt findet, was dazu angetan ist, auf Erden unsere Augen, unseren Geist und unsere Fantasie zu verführen.«

Die Lage auf dem Felssattel hoch über dem Meer ist immer noch einzigartig, nur die Reisesaison hat sich vom Winter auf das Sommerhalbjahr verschoben. Sizilien zeigt sich in Taormina auch im Zeitalter des modernen Fremdenverkehrs von seiner Schokoladenseite: Die Straßen sind blitzsauber und von edlen Boutiquen gesäumt, vom griechisch-römischen Theater öffnet sich unverändert ein atemberaubender Panoramablick auf den Ätna mit seiner rauchenden Kuppe. Allabendlich ergießt sich ein wahrer Menschenstrom über Taorminas Flaniermeile, den Corso Umberto, um auf der Piazza IX Aprile im Café »Wunderbar« einzukehren und die faszinierende Landschaftskulisse zu genießen.

SIRACUSA – EINE ANTIKE METROPOLE

Zum Pflichtprogramm einer Inselrundfahrt gehört ein Abstecher in die sizilianische Kunstmetropole Siracusa. Keine andere Stadt auf Sizilien besitzt so zahlreiche Kunst- und Kulturschätze aus den unterschiedlichsten Epochen. Manchmal vereint ein einziges Bauwerk, wie der aus einem antiken Tempel hervorgegangene Duomo Santa Maria delle Colonne, gleich mehrere Stilarten. Siracusa – das antike Syrakus – setzt sich aus zwei völlig gegensätzlichen Stadtteilen zusammen: Die überaus heitere und freundliche Altstadt mit ihren verwinkelten Gassen wurde auf dem hellen, harten Stein der Insel Orty-

Heute bilden die modernen Hochhäuser von Agrigento eine spannungsvolle Kulisse zum berühmten Concordia-Tempel, der zu den drei besterhaltenen antiken griechischen Tempeln überhaupt zählt. Der dorische Bau von 425 v. Chr. hat die klassische Proportion mit 6 mal 13 Säulen.

gia erbaut, die mit zwei Brücken am Festland »vertäut« ist. Weiter im Landesinneren erstreckt sich die »Neustadt«, die aus Platzmangel schon in der Antike errichtet wurde. Die griechischen Altertümer wie das Castello Euríalo und das Teatro Greco, in dem Aischylos' »Perser« ihre Weltpremiere feierten, sind weit verstreut. Siracusa hatte in seiner antiken Blütezeit mehr als 800 000 Einwohner, fünfmal so viele wie damals Athen zählte!

BAROCK BIS IN DIE SEELE

Die historischen Stadtkerne im Südosten sowie rund um den Ätna glänzen in barocker Pracht. Auch wenn man es nicht wahrhaben will, egal ob Noto, Ragusa, Módica oder Avola, alle verdanken ihr heiteres, überschwängliches Straßenbild einer Naturkatastrophe. Im Jahre 1693 erschütterte ein schweres Erdbeben den Südosten Siziliens. Insgesamt wurden 45 Städte in Schutt und Asche gelegt, mehr als 60 000 Menschen verloren ihr Leben. So schrecklich es für die Bewohner gewesen sein muss, es war zugleich die große Stunde der Architekten und Bauherren. Ohne auf vorhandene Strukturen Rücksicht nehmen zu müssen, konnten sie ihre Vorstellungen von einer barocken Idealstadt in die Tat umsetzen. Glücklicherweise stand die sizilianische Wirtschaft just in jenen Jahren in einer außerordentlichen Blüte, so dass das notwendige Kapital für den architektonischen Neubeginn vorhanden war. Der viel gerühmte sizilianische Barock ist kein einheitlicher Stil; er ist eher ein Sammelsurium verschiedener Architekturströmungen, geeint durch die Freude an Prunk und phantastischer Dekoration. Neben all seinen typischen Elementen hat der Barock in Sizilien eine ganz eigene Formensprache gefunden. So gibt es für die Turmkirchen von Módica, Ragusa und Palazzolo Acréide auf dem italienischen Festland keine Beispiele.

Mit Wehmut muss man allerdings seit Jahrzehnten feststellen, dass die sizilianischen Barockstädte vom Verfall bedroht sind. Besonders in Noto bröckeln die alten Adelspaläste und Kirchen unaufhaltsam weiter. Der Niedergang nimmt scheinbar kein Ende: Jüngst stürzte nach heftigen Regenfällen die Kuppel des Doms San Nicolò ein.

Der Fischfang im Mittelmeer, hier bei Siracusa, ist bei weitem nicht mehr so ertragreich wie früher, doch bildet er noch immer die Lebensgrundlage für viele Sizilianer. Insbesondere Thunfisch- und Sardinenfang spielen eine große Rolle.

INSELWELTEN

Sizilien ist von einem ganzen Kranz kleinerer Inseln und Inselgruppen umgeben. Am bekanntesten ist das Liparische – oder Äolische – Archipel, dessen sieben Vulkanspitzen aus dem Tyrrhenischen Meer ragen. Die vulkanische Vergangenheit ist besonders auf Strómboli und Vulcano gegenwärtig, viele Reisende erfreuen sich an den Stränden mit schwarzem Lavasand und den Schwefelfangobädern. Auf dem namengebenden Lípari, das in der Antike eines der großen Handels- und Seefahrtszentren des Mittelmeers war, werden mit dem weißen Bimsstein und dem Obsidian schon seit Urzeiten zwei vulkanische »Produkte« abgebaut. Die am stärksten agrarisch geprägte Insel ist Salina, deren Malvasier (ein Dessertwein) und Kapern in Feinschmeckerkreisen schon lange begehrt sind. Abgelegen und nur spärlich besiedelt sind Alicudi, Filicudi und Panarea, auf denen jeweils weniger als 500 Einwohner leben.

Zu Sizilien gehören noch zwei weitere Inselgruppen: Die zweihundert Kilometer von Agrigento entfernten Pelagischen Inseln mit Lampedusa, Linosa und dem unbewohnten Lampione sowie die vor der Westspitze Siziliens gelegenen Ägadischen Inseln Favignana, Lévanzo und Marettimo. Nicht zu vergessen ist das bei Tauchern für seine Unterwasserwelt beliebte Ústica, zwei Bootsstunden von Palermo entfernt, sowie die Insel Pantelleria, deren Name sich von dem arabischen »Ben el Rion« (Sohn des Windes) ableitet.

BLUTIGE JAGD AUF DEN THUN

In eine archaische Zeit zurückversetzt glaubt man sich während der drei- bis viermal im Frühsommer vor Favignana stattfindenden »Mattanza«. Wahrscheinlich schon seit arabischer Zeit wird diese altertümlich anmutende Form des Thunfischfangs praktiziert. Die riesigen Thunfischschwärme wählen auf dem Weg zu ihren Laichplätzen immer die gleiche Route, die an der Westspitze Siziliens vorbei führt. Früher lebte die gesamte Insel vom Thunfischfang, heute sind es nur

noch ein paar Dutzend Fischer, die sich zu einer Kooperative zusammengeschlossen haben. Der eigentlichen Mattanza gehen monatelange Vorbereitungen voraus. Im Winter müssen die kilometerlangen Netze geflickt werden, bevor sie im Frühjahr über mehrere Wochen hinweg ausgelegt und am Meeresboden verankert werden.

Das »Drehbuch« für das Schauspiel ist seit Jahrhunderten unverändert geblieben: Die zwischen den Inseln hindurchziehenden Thunfische werden langsam in dem komplizierten Netzsystem eingekesselt, bis sie sich schließlich in der »Todeskammer« wiederfinden, aus der es kein Entkommen gibt. Jeweils acht Fischer in drei pechschwarzen Booten beginnen dann das Bodennetz zu heben. Die silbrig glänzenden Leiber schlagen in Todesangst nach Luft japsend mit ihren Schwänzen wild um sich, während die Männer sie mit gewaltigen Haken harpunieren und aus dem blutroten Meer ins Boot hieven. Der Thunfischfang ist eine genauso gefährliche wie anstrengende Arbeit: Ausgewachsene Prachtexemplare können mehr als 400 Kilogramm wiegen; ihre Schwanzschläge können tödlich sein. Fürwahr ein blutiges Handwerk, doch ist die Mattanza weniger grausam als das langsame Verenden in den Treibnetzen. Die jährliche Fangquote – sie ist stark von den Wetterverhältnissen abhängig – beträgt heute noch bis zu 2 000 Fische, die noch an Ort und Stelle in der »Tonnara« zerlegt und fast ausschließlich nach Japan exportiert werden, wo Feinschmecker für den roten Thun absolute Höchstpreise bezahlen.

Seite 22/23:
Die herrliche Aussichtsterrasse Piazza IX Aprile ist der abendliche Treffpunkt in Taormina. Im Hintergrund steht die Chiesa Sant'Agostino mit ihrem schön gearbeiteten gotischen Portal.

Seite 24/25:
Romantische Hügellandschaft bei Caltanissetta im Landesinneren. Hier war einst das Zentrum des sizilianischen Schwefelabbaus.

D E R   O S T E N

Nur durch die drei Kilometer schmale, in der Antike berüchtigte »Straße von Messina« ist Sizilien vom italienischen Festland getrennt. Die Fähren bringen den Reisenden in dreißig Minuten in eine »andere« italienische Welt.

Die gesamte Ostküste präsentiert sich als schmaler, dicht besiedelter Küstenstreifen. Kleine Dörfer zumeist, nur gelegentlich treten die Berge so weit zurück, dass eine größere Stadt wie Messina entstehen konnte. Eindrucksvoll ist die Lage von Taormina, das auf einem Felsen über dem Meer zu schweben scheint. Mit seinen rund 3350 Metern ist der Ätna nicht nur der höchste Berg Siziliens, sondern zugleich der größte noch aktive Vulkan Europas. Mongibello, »Berg der Berge«, wird der Ätna von den Sizilianern genannt. Bis in den Frühsommer hinein ist der Gipfel mit einer Schneehaube bedeckt. Auf dem fruchtbaren Vulkanboden am Süd- und Westhang erstrecken sich ausgedehnte Obst- und Gemüseplantagen, dazwischen setzen blühende Pistazien- und Feigenbäume sowie leuchtende Orangenhaine bunte Akzente. An vielen Stellen haben sich die Vororte von Catania schon bedenklich nahe an den unheilvollen Riesen herangeschoben.

Von seiner heiteren und zugleich prachtvollsten Seite zeigt sich Sizilien im Südosten: Die Barockstädte Ragusa, Noto oder Módica zeichnen sich durch eine ganz besondere Atmosphäre aus, die nicht nur Architekturliebhaber begeistert. Den kulturellen Höhepunkt stellt ein Besuch der Villa Casale dar, die 1998 von der UNESCO in den erlauchten Kreis der Weltkulturerbegüter aufgenommen wurde. Die spätantike, unweit von Piazza Armerina gelegene Villa ist für ihre phantastischen Bodenmosaike berühmt, die vom luxuriösen Lebensstil der Römer zeugen. Nicht vergessen sollte man, dass Sizilien von mehreren kleinen Inseln beziehungsweise Inselgruppen umgeben ist. Am bekanntesten ist das Liparische Archipel, zu dem neben dem namengebenden Lípari auch der feuerspuckende Strómboli gehört.

S I Z I L I E N S

Rechts:
Der normannische Dom von Messina wurde nach dem Erdbeben vom 28. Dezember 1908 in den Jahren 1919 bis 1929 wiederhergestellt. Nach alten Ansichten wurde der Campanile rekonstruiert. Berühmt ist er für seine große astronomische Uhr, die die Straßburger Firma Ungerer 1933 herstellte. Der Orionsbrunnen vor dem Dom stammt von einem Schüler Michelangelos: G. A. Montorsoli.

Rechte Seite oben und unten:
Mit 280 000 Einwohnern ist der Fährhafen Messina, vor den Peloritanischen Bergen gelegen, heute die drittgrößte Stadt Siziliens nach Palermo und Catania. Die Stadt musste in ihrer Geschichte mehrere Erdbeben, Pest- und Cholera-Katastrophen sowie diverse Angriffe über sich ergehen lassen. 1943 wurde die Hälfte aller Gebäude bei Luftangriffen zerstört. Bei den Wiederaufbauten wurden wichtige historische Gebäude wiederhergestellt.

ISTITUTO NAZIONA

Rechts:
Taormina ist die sizilianische Traumstadt schlechthin. Auf der Piazza IX Aprile kann man vor der gotischen Kirche Sant' Agostino aus dem Jahr 1448 sitzen und den herrlichen Blick über das Ionische Meer genießen.

Unten:
Die Küste unterhalb Taorminas erreicht man unter anderem mit der Seilbahn. Die Stadt selbst liegt über 200 Meter hoch auf einer Felsterrasse an der Ostküste Siziliens.

Oben:
Taormina lebt von seiner atemberaubenden Lage an einem Steilhang des Monte Tauro. Zusammen mit dem zugleich urbanen und historischen Stadtbild, dem milden Klima und der üppigen Vegetation war die Stadt schon im 19. Jahrhundert ein beliebter Ferienort.

Links:
Tief hinab blickt man von Taormina-Stadt auf die Küste mit der Halbinsel Isolabella. Über 200 Meter sind es von der Felsterrasse bis zum Meeresspiegel.

Seite 32/33:
Klassisch ist der Blick von den Sitzreihen des berühmten Teatro Greco in Taormina.

DER BERG DER BERGE –

Der Ätna ist nicht nur der größte, sondern auch der faszinierendste Vulkan Europas. Als Mongibello, den Berg der Berge, bezeichnen die Einheimischen den Vulkan ehrfurchtsvoll in einer italienisch-arabischen Wortschöpfung. Der Gipfel des Ätna ist 3369 Meter hoch, doch dies kann sich täglich ändern, denn der Ätna lebt und bei jedem größeren Ausbruch »wächst« er um ein paar Meter. Schneeweiß ist der Feuerberg im Winter und Frühjahr, selbst Skifahren ist dann möglich.

Schon die ersten Bewohner Siziliens waren von dem gigantischen Vulkan fasziniert. Die Griechen und Römer wähnten göttliche Kräfte am Werk. Nach einer Legende hatte Hephaistos, der griechische Gott des Feuers und der Schmiedekunst, im Krater des Ätna seine Werkstatt. Eine andere Legende besagt, der Riese Polyphem schleudere dem übers Meer flüchtenden Odysseus feurige Felsbrocken hinterher. Während die Römer ihren Feuergott Vulcanus als Auslöser der

Rechts:
Der im Winterhalbjahr schneebedeckte Ätna ist nicht nur Europas größter und aktivster Vulkan, seine imposante Silhouette dominiert die Ostküste der Insel.

Links:
Schon vor zwei Jahrhunderten waren Maler wie C. Gayet von der Ätna-Kulisse des Griechischen Theaters in Taormina fasziniert.

Seite 35 links oben:
Die Gewalt der Natur hinterlässt ihre Spuren: Ein zerstörtes Haus am Hang des »Mongibello Ätna« (aus: Monte und Djebel: Berg der Berge).

Seite 35 rechts oben:
Mit modernster Technik wird der aktivste Vulkan Europas beobachtet, von dem über 80 Ausbrüche bekannt sind.

Seite 35 unten:
Zwar sind die Eruptionen des Feuerberges gefürchtet, gleichzeitig gedeiht auf dem fruchtbaren Vulkanboden ein irdisches Paradies mit Mandelbäumen und leuchtenden Orangenplantagen.

Links:
Strómboli, die nördlichste der Liparischen Inseln, ist ein aktiver Vulkan. Die Wanderungen zum Kraterrand starten meist nachmittags, so dass man nach Sonnenuntergang dort das Schauspiel der Glutgarben genießen kann.

D E R Ä T N A

Eruptionen vermuteten, hatten die ersten christlichen Sizilianer eine andere Deutung zur Hand: Für sie war der Ätna schlicht und einfach der Eingang zur Hölle.

UNRUHIGER FEUERKOLOSS

Wissenschaftlich betrachtet, ist der Ätna ein »langsamer« Vulkan, der seit etwa 500 000 Jahren aktiv ist. Es wird vermutet, dass sich in einigen Kilometern Tiefe mehrere unter Druck stehende Magmakammern befinden, die den Vulkan in ungleichen Abständen zum Ausbruch bringen. Zumeist öffnen sich an den Bergflanken kleinere Nebenkrater und Spalten, aus denen die 1000 Grad Celsius heiße Lava herausströmt. Anfangs als schneller dünner Strom, schließlich immer langsamer, so als ob Honig fließt, bis die Lava schließlich ganz erstarrt. Längere Ruheperioden des »Feuerkolosses« sind nicht überliefert. Erst unlängst ereigneten sich zwei größere Eruptionen: Im Jahre 1992 kam der Lavastrom erst kurz vor der Ortschaft Zafferana Etnea zum Stehen. An den Rettungsversuchen war auch die amerikanische Marine beteiligt, die von Helikoptern riesige Betonblöcke abwarf, um den glühenden Strom zu stoppen. Zuletzt wurden im Sommer 2001 Teile der Liftanlagen zerstört, Personen kamen nicht zu Schaden. Weggezogen ist niemand, denn die Menschen, die am Ätna leben, haben ihre eigene Art, mit der Bedrohung durch den mächtigen, unruhigen Nachbarn umzugehen: mit einem unbändigen Willen zur Normalität und dem unerschütterlichen Vertrauen auf höhere Mächte. Trotz der nicht auszuschließenden Gefahr einer Eruption ist die äußerst fruchtbare Umgebung besonders dicht besiedelt.

Die ganze Schönheit des Vulkans offenbart sich nur bei einer Kraterwanderung. Egal, ob man sich dem Ätna von seiner Nord- oder Südflanke nähert, ab einer Höhe von knapp 2000 Metern muss man auf einen Geländewagen umsteigen. Die letzten Höhenmeter können nur zu Fuß und in Begleitung eines kundigen Bergführers zurückgelegt werden. Nur Lebensmüde erkunden die 1981 zum Naturpark erklärte Gipfelregion auf eigene Faust. Wetterumschwünge und Windböen, die auf Orkanstärke anschwellen können, bergen nicht zu unterschätzende Risiken. Nicht wenige haben sich schon in dem unübersichtlichen Terrain verlaufen. Besondere Gefahr droht, wenn die Sicht durch die schwefeltrübe Luft oder dichte Nebelschwaden eingeschränkt ist, so dass Nebenkrater und die kleinen, wie kochende Schlangen den Berg hinabfließenden Lavaströme nur schwer auszumachen sind. Trotz aller Warnungen kommen bei leichtsinnigen Kletterpartien ohne einen kundigen Führer fast jedes Jahr Menschen ums Leben. Am Gipfel angekommen, ist die Fernsicht überwältigend: An klaren Tagen blickt man mehr als hundert Kilometer weit ins Landesinnere sowie über die ionische und tyrrhenische Küste.

Links oben:
Wenn die Fischer des Küstenstädtchens Aci Castello nicht gerade auf hoher See sind, widmen sie sich auch mal dem Freizeitvergnügen: einem Kartenspiel.

Links Mitte:
Sizilianische Impressionen: Azurblau schillert das Meer hinter der Dachterrasse bei Taormina an der Ostküste.

Links unten:
Die »Zyklopenküste« bei Aci Castello ist einer der interessantesten Abschnitte der sizilianischen Ostküste. Der Sage nach soll

der Zyklop Polyphem die Felsenbrocken dem flüchtenden Odysseus hinterher geworfen haben.

Unten:
Das Fischerstädtchen Aci Castello liegt am Osthang des Ätna und wird überragt von einem Normannenkastell auf den Basaltfelsen. Der Name Aci entstammt den Mythen: Akis (Aci), der Geliebte der Nereide Galathea, wurde vom eifersüchtigen Polyphem in den Fluss Akis verwandelt (Fiume di Jaci).

Der Elefantenbrunnen auf der Piazza del Duomo ist das Wahrzeichen von Catania. Giovanni Batista Vaccarini baute 1736 mit einem aus schwarzer Lava gefertigten Elefanten sowie einem ägyptischen Obelisken den barocken Brunnen.

Im Jahre 1434 wurde während der spanischen Herrschaft über Sizilien in Catania die erste Universität Siziliens gegründet. Das Gebäude wurde wie viele andere im 18. Jahrhundert von Giovanni Batista Vaccarini entworfen.

Rechte Seite:
Der Duomo Sant' Agata in Catania geht zwar auf die Normannenzeit zurück, doch nach dem verhängnisvollen Erdbeben von 1693 wurde das beschädigte Gotteshaus in die barocke Umgestaltung des Stadtbildes miteinbezogen. Bei der Gestaltung der Fassade verwendete Giovanni Batista Vaccarini sechs Säulen des Normannenbaus, die bereits in der Antike gefertigt wurden.

Unten und kleine Bilder rechts:
Catanias berühmter Fischmarkt La Pescheria ist ein wahres Fest für die Sinne. Die Fisch-, Obst- und Gemüsehändler bieten mit theatralischen Gesten und melodischen Kommentaren ihre Waren feil, gelegentlich noch untermalt von Opern- oder Schlagermusik aus dem Kassettenrecorder. Feigen, Kaktusfrüchte, getrocknete Tomaten, halbe Lämmer, Kutteln, Barben, Seeigel – es gibt scheinbar nichts, was es hier nicht gibt.

Kleine Bilder unten:
Sizilianische Straßenszenen in Catania: Eingekauft wird auf dem Markt an der Porta Uzeda, die Wäsche trocknet hoch über den Straßen, auf denen sich unten die Fußballstars der Zukunft üben.

Seite 42/43:
Rund um die halbmondförmige Piazza Duomo schlägt das politische und geistige Herz von Siracusa, der Provinzhauptstadt an der Südostküste der Insel. Der harmonische Platz wird von barocken Bauten des 17. und 18. Jahrhunderts eingerahmt.

Oben:
Auf der Insel Ortygia, Siracusa im Südosten vorgelagert, stand vor mehr als 2500 Jahren die Keimzelle der Stadt. Mit dem Festland durch eine Brücke verbunden, liegt hier auch heute noch das Zentrum mit den wichtigsten antiken, mittelalterlichen und barocken Denkmälern.

Rechts:
Siracusa besitzt zwei Häfen: Hier den Porto Piccolo im Norden der Insel Ortygia und Porto Grande im Westen. Doch liegen heute nur kleine Fischerboote vor Anker, der große Waren- und Passagierverkehr wird in Catania und Palermo abgewickelt.

Links:
Das in den nackten Fels geschlagene Griechische Theater von Siracusa gehört zu den größten der Antike. Während der antiken Blütezeit der Stadt kamen hier unter anderem die Tragödien von Aischylos zur Uraufführung; heute werden im zweijährigen Rhythmus klassische Aufführungen dargeboten.

Unten:
Auf der Halbinsel Ortygia liegt hinter dem Gitter die in Stein gefasste Süßwasserquelle Fonte Aretusa nur wenige Meter vom Meer entfernt. Der antiken Sage nach floh die Nymphe Arethusa vor den Nachstellungen des griechischen Flussgottes Alpheios, stürzte von der Küste des Peloponnes ins Meer und tauchte an dieser Stelle wieder auf.

Links oben:
Orangenpflücker genießen eine wohlverdiente Pause. Über 60 Prozent der italienischen Orangen und Mandarinen kommen von Sizilien.

Links Mitte:
Die Orangen Siziliens werden für ihre natürliche Süße auch außerhalb Italiens geschätzt.

Links unten:
Der Südosten Siziliens ist ein wahrer Garten Eden! Über mehrere Quadratkilometer erstrecken sich ausgedehnte Orangenplantagen.

Unten:
Wie ein Kunstwerk wirkt diese Eisenbahnbrücke mit ihren Rundbögen in der sanften Hügellandschaft des Landesinneren bei Caltanissetta.

Links:
An der Nordflanke des Ätna hat der Alcantara-Fluss eine atemberaubende, über zwanzig Meter tiefe Schlucht in das Basaltgestein gegraben. Grünlich schimmern die Wassermassen zwischen den bizarr geformten Felswänden.

Die Hügel rund um Noto sind geradezu menschenleer und eignen sich hervorragend für Wandertouren.

Im Frühjahr erstrahlt die Region um Enna in hellem Grün – „la primavera Siciliana".

Seite 50/51:
Die Provinzhauptstadt Ragusa ist zweigeteilt: Eine tiefe Schlucht trennt »Ragusa Superiore« vom älteren, östlichen Stadtteil »Ragusa Ibla«.

Das Bergstädtchen Enna, auf knapp 1000 Meter Höhe gelegen, gilt seit der Antike als Herz Siziliens und ist berühmt wegen seiner spektakulären Rundsicht.

Von Enna aus sieht man das nördlich gelegene Städtchen Calascibetta, das aus einem von den Arabern errichteten Kastell hervorging. Von der Festung, welche die Normannen später erweiterten, ist nur noch ein als Glockenturm der Kirche San Pietro dienender Campanile erhalten.

Unten:
Noto ist eigentlich eine der schönsten Barockstädte Siziliens, doch bedroht Verfall die Gebäude. 1996 stürzten die Kuppel und die Seitenschiffe des Duomo San Nicolo nach heftigen Regenfällen ein.

Kleine Bilder rechts: *Nach dem großen Erdbeben von 1693 wurde der ursprüngliche Ort Noto aufgegeben und 16 Kilometer entfernt wiederaufgebaut. Dabei ließen die barocken Baumeister ihrer Phantasie freien Lauf. Die Balkonstützen sind mit skurrilen Fabeltieren verziert.*

Oben:
Módica, geteilt in Ober- und Unterstadt, gehört zu den berühmten Barockstädten Siziliens. Ein Beispiel barocken Kirchenbaus in der Unterstadt bietet die Chiesa di San Pedro mit ihrer zweigeschossigen Fassade, die um 1720 entstand.

Rechts:
Die Südküste Siziliens ächzt im Sommer monatelang unter der Hitze. Ein Hauch von Afrika liegt in der Luft, der Boden ist karg, Bäume sind kaum vorhanden.

Links und unten: *Die Villa Romana del Casale nahe der Garnisonsstadt Piazza Armerina mit ihren phantastischen Mosaiken wurde 1997 von der UNESCO zum Weltkulturerbe erklärt. Die Überreste des großartigen römischen Herrenhauses, das mit verschwenderischer Pracht ausgestattet war, stammen aus dem 3./4. Jahrhundert. Auf einer Fläche von rund 3500 Quadratmetern ist ein wahrer Bilderteppich mit Jagd-, Zirkus- und Badeszenen ausgebreitet. Das berühmteste Mosaik der Villa Casale zeigt zehn »Bikinimädchen«, die – wie zu spätrömischer Zeit üblich – in Unterwäsche gymnastischen Übungen nachgehen (unten).*

Links:
Die Keramik- und Terrakottastadt Caltagirone ist in Unter- und Oberstadt geteilt, welche durch die berühmte Scala verbunden sind:
Alle 142 Stufen der geradlinig ansteigenden Monumentaltreppe sind mit verschiedenen Keramiken verziert. Sie wurde 1608 von dem Architekten Giuseppe Giacalone entworfen.

Rechts:
Das auf drei Hügeln gelegene Caltagirone gilt als die »Keramikhauptstadt« Siziliens. Selbst die Fassaden der Häuser sind mit farbenfrohen Keramikprodukten geschmückt: Glanzmajolika und Terrakotta zieren Fenster, Portale, Gesimse und Balkone.

Einzelgehöfte sind im Landesinneren Siziliens, hier bei Caltagirone, nur sehr selten anzutreffen.

Die Bevölkerung lebt in kleinstadtgroßen Dörfern.

Sperlinga ist bekannt für seine in den grauen Tuffstein gegrabenen Wohnungen. Als die Normannen in Sperlinga eine Burg errichteten, nutzten sie das weitverzweigte Höhlensystem für Werkstätten und Lebensmittellager, die es erlaubten, auch einer längeren Belagerung standzuhalten.

Rechts:
Im Hochland Siziliens kann im Winter durchaus Schnee liegen. Petralía im Hintergrund ist der Hauptort des Berglandes der Madonie.

Unten:
Der Frühling hat Einzug gehalten und Sizilien zeigt sich von seiner farbenprächtigsten Seite bei Centúripe, einem Zentrum der landwirtschaftlichen Produktion.

Oben:
In der Antike galt Sizilien als die »Kornkammer des Römischen Reiches« und noch heute erstrecken sich die Felder bei Regalbuto bis zum Horizont.

Links:
Die Madonie – hier bei Polizzi – ist ein beliebtes Wintersportgebiet. Der Gebirgszug ist die Fortsetzung der Monti Nébrodi und verläuft parallel zur Nordküste. Zum Meer hin fallen die Berge steil, zum Landesinneren hin sanft ab.

Links:
Centúripe ist eines der typischen, vom Tourismus noch unberührten Städtchen im Landesinneren, das hoch auf einer Bergkuppe über den Tälern des Simeto und Ditaino liegt. Wegen ihrer strategischen Lage war die Stadt häufig umkämpft.

Unten Mitte:
Besonders markant im Stadtbild von Centúripe ist der kegelförmige Monte Calvario.

Centúripe gehört zusammen mit Enna zu den wichtigsten landwirtschaftlichen Zentren Siziliens. In dem Städtchen Centúripe findet das Leben draußen statt und auf der Straße wird viel diskutiert (oben links). In Enna ist die Olivenernte eines der großen Ereignisse im Jahr (oben rechts und unten links). Die traditionellen Familienverbände gewähren ein großes Maß an Sicherheit, doch träumt die Jugend von Centúripe oft von einem abwechslungsreichen Leben in der Großstadt (Mitte links und unten rechts).

DIE MYSTERIEN DER

Sizilien ist bis heute zutiefst vom Katholizismus geprägt, besonders religiöse Feste spielen auf der Insel eine wichtige Rolle. Vor allem in der Osterzeit finden zahlreiche Prozessionen statt, die ihren Ursprung in einer jahrhundertealten, noch immer lebendigen Volksfrömmigkeit haben und stark durch die Zeit der spanischen Herrschaft geprägt sind. Ähnlichkeiten mit den Passionsumzügen, die auf der Iberischen Halbinsel während der Semana Santa abgehalten werden, lassen sich auf die gemeinsame Geschichte zurückführen. Ein besonders faszinierendes Spektakel ist die Gründonnerstagsprozession in Marsala, bei der die Leidensgeschichte Christi nachgespielt wird. Die Prozession bewegt sich durch die ganze Stadt, wobei der »blutverschmierte« Christusdarsteller auf dem Weg nach Golgatha mehrfach spektakulär zusammenbricht. Am Karfreitag werden dann in Acireale, Caltanissetta und Enna grandiose Mysterienprozessionen abgehalten, die jedoch von der Karfreitagsprozession von Tràpani an Ausdruckskraft noch übertroffen werden. Bei der berühmtesten und ältesten Osterprozession Siziliens nehmen die Mitglieder der Bruderschaften in stummer Hingabe und unter dem ganzen Einsatz von Körper und Geist ihre zentnerschwere Last auf die Schultern: Schwankend werden die prächtig geschmückten »Misteri«, die Szenen der Passion Christi darstellen, durch Tag und Nacht getragen, während als Begleitmusik dumpfe Trauermärsche in den Gassen dröhnen. Männer, die einem Pasolini-Film entsprungen sein könnten, tragen mit Inbrunst zentnerschwere Heiligenfiguren, andere Mitglieder der Bruderschaften mimen die Leidensstationen Christi in lebenden Bildern. Den Trägern ist die Anstrengung anzusehen: Schweiß tropft über Wangen und Kinn, doch die Augen glänzen unter den mit roten Quasten besetzten Mützen. Wenn am frühen Morgen die Teilnehmer vor Müdigkeit und Erschöpfung nur noch taumeln, erscheint der Schmerz um die Leiden Christi umso glaubwürdiger.

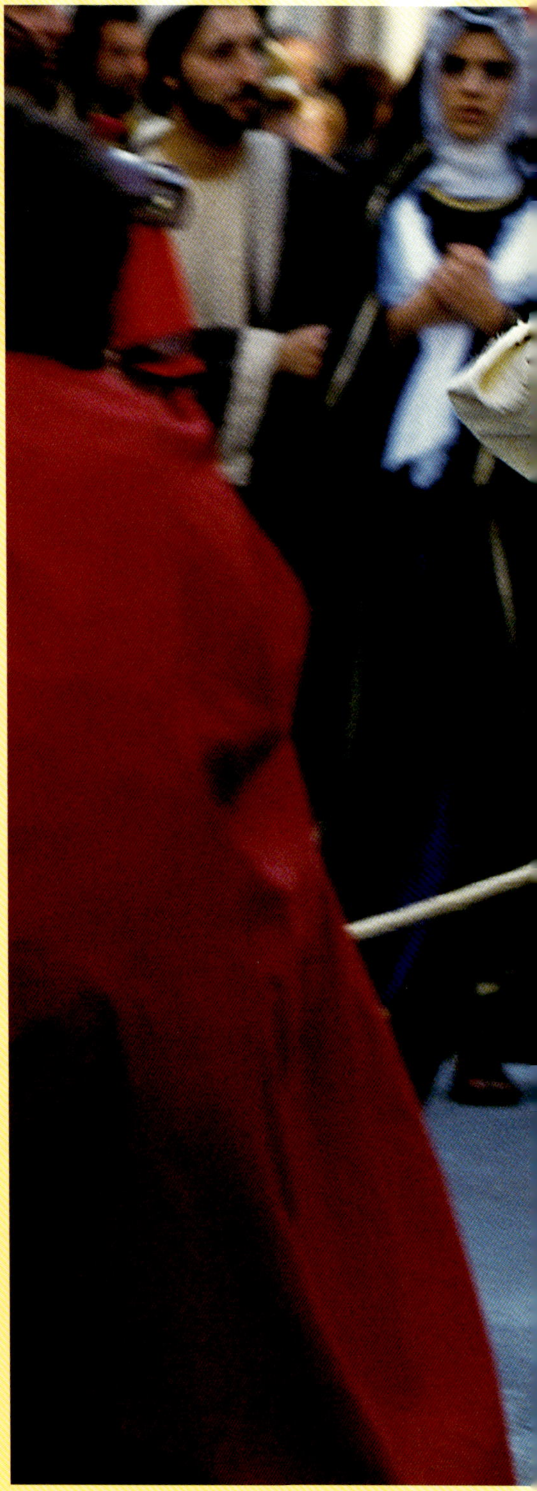

DREI HEILIGE FRAUEN

Neben dem Inselheiligen San Giuseppe – ihm zu Ehren lodern alljährlich am 18. März zahlreiche Feuer zum Himmel – werden auf Sizilien besonders drei heilige Frauen verehrt. In Catania huldigt man der heiligen Agata, der Schutzpatronin der Stadt. Angeführt vom Bischof, der die kostbarste Reliquie der Stadt, den Schleier der heiligen Agata, hochhält, sind die Catanesen schon mehrfach angstvoll dem Lavastrom des Ätna entgegen gezogen.

In Palermo steht alles im Zeichen der heiligen Rosalia, welche die Stadt 1624 vor der Pest gerettet haben soll. Damals hat man die Gebeine der Eremitin, die sich im 12. Jahrhundert in eine Grotte am Monte Pellegrino zurückgezogen hatte, durch die Stadt getragen, woraufhin die Pest verschwand. Gleich zweimal gedenkt man der Heiligen: Während am 4. September die Gläubigen zum Monte Pellegrino pilgern, gleicht am 15. Juli die Stadt einem brodelnden Hexenkessel. Der Höhepunkt des Festes ist eine

Links:
Zahlreiche kunstvoll gestaltete Hausaltäre, wie hier in Caltagirone, zeugen von der tiefen Religiosität der Sizilianer (ganz links).
Weiß vermummt sind die Mitglieder einer Bruderschaft bei der eindrucksvollen Karfreitagsprozession in Érice (Mitte).
Die Anstrengung ist den Trägern bei der Karfreitagsprozession in Tràpani ins Gesicht geschrieben (rechts).

PROZESSIONEN

Prozession, bei der eine Statue der heiligen Rosalia auf einer reich geschmückten Prunkkarosse durch Palermo gezogen wird, samt dem abendlichen Feuerwerk am Hafen.

Nicht vergessen darf man die wundertätige Madonna Nera, derentwegen Tíndari zum meistbesuchten Wallfahrtsort der Insel wurde. Der Legende zufolge soll ein Schiff mit der Madonnenstatue vor Tíndari gestrandet sein. Die Seeleute konnten erst weitersegeln, nachdem die Statue an Land gebracht worden war. Zu Ehren der Statue wurde an der Stelle, wo in der Antike ein Demeterheiligtum stand, eine kleine Kapelle errichtet. Der große Pilgerstrom setzte aber erst ein, als einst ein Kind von dem hohen Felsen ins Meer zu stürzen drohte. Die Schwarze Madonna rettete es, indem sie eine Sandbank aus dem Meer zauberte, auf der das Kind unversehrt landen konnte. Wer an der Geschichte zweifelt, sollte einen Blick auf das Meer werfen, die Sandbänke sind noch immer da …

Oben: *Mit der Gründonnerstagsprozession beginnen in Marsala die Veranstaltungen der Settimana Santa. In großen Umzügen wird die Leidensgeschichte Christi dargestellt.*

Rechts oben: *Kurze Pause für die Träger der schweren Schaubilder, die Szenen aus der Passion darstellen, hier bei der Mysterienprozession in Érice.*

Rechts: *Das wichtigste Datum im Kirchenkalender ist für die Sizilianer die Osterwoche: Settimana Santa. Bei den Prozessionen, hier in Tràpani, scheinen die Teilnehmenden und Zuschauer die Leiden Christi nachzuempfinden.*

Oben:
Tíndari liegt mit seiner Wallfahrtskirche, in der die Schwarze Madonna verehrt wird, 280 Meter über dem Meer an der Nordküste Siziliens. Die Sandbänke ließ der Legende nach eben jene Madonna entstehen, als ein Kind ins Meer zu stürzen drohte. Seitdem blickt man von Tíndari auf das »Mare secco«, das trockene Meer.

Rechts:
Milazzo, das auf eine griechische Gründung zurückgeht, ist der Hauptfährhafen zwischen Sizilien und den Äolischen Inseln. Die Unterstadt am Hafen ist großteils nach 1860 entstanden, die ältere Oberstadt wird vom Kastell Friedrichs des II. beherrscht.

Links:
Zwischen Cefalù und Messina erstrecken sich die Ausläufer der Madonie, des parallel zur Nordküste verlaufenden Gebirgszuges, bis ans Meer, so dass die Küste an vielen Stellen sehr schroff abfällt.

Unten:
Wasserspiele an der Nordküste Siziliens zwischen Cefalù und Messina. Sandstrände sind an diesem Küstenabschnitt eher selten.

Rechts:
Bei Porto di Levante, dem Fährhafen Vulcanos, kann man in konstant 34 Grad warmem Schlamm baden, dem Acqua di Bagno, dessen heilbringende Schwefelwirkung sehr geschätzt wird.

Rechts Mitte:
Nicht nur im Schlamm, auch im Meer kann man auf der Äolischen Insel Vulcano herrlich baden.

Links:
Die Insel Vulcano lässt sich auch mit geschlossenen Augen am scharfen Geruch der Schwefeldämpfe erkennen. Zum Hauptkrater Gran Cratere gesellte sich 183 v. Chr. noch der Vulcanello; beide sind seit Jahrhunderten durch eine Landbrücke miteinander verbunden.

Ganz oben:
Der Fährhafen Porto di Levante liegt an der schmalen Landbrücke, die die Hauptinsel mit dem kleinen Nebenkrater von 123 Metern, Vulcanello, verbindet.

Oben:
Nichts als Steine, Felsen, Schwefel: Der Gran Cratere auf Vulcano erhebt sich 391 Meter. Zuletzt hatte er 1889/1890 einen größeren Ausbruch.

Unten:
Strómboli, im Nordosten der Äolischen Inseln, ist das sizilianische Feuereiland. Die regelmäßigen Eruptionen sind eine große Attraktion. Bekannt geworden ist die Insel vor allem durch Roberto Rosselinis berühmtes Filmepos »Stromboli, Terra di Dio« mit Ingrid Bergman.

Rechts oben:
Ausflugsboot vor Panarea und Strómboli. Die Nachbarinsel ist die kleinste der Äolischen Inseln und ebenfalls vulkanischen Ursprungs.

Rechts Mitte:
Der nicht ganz ungefährliche Aufstieg zum 918 Meter hohen »Höllenschlund« von Strómboli nimmt mit einem ortskundigen Führer drei bis vier Stunden in Anspruch.

Rechts unten:
Ein eindrucksvolles Naturschauspiel: Nächtliche Eruptionen aus dem Kraterschlund von Strómboli.

Linke Seite:
Vom Belvedere di Quattrocchi auf der Insel Lípari blickt man auf die Nachbarinsel Vulcano und die Bucht Spiaggia Valle Muria. Das tiefazurblaue Meer rund um die Liparischen oder auch Äolischen Inseln ist aufgrund seiner hervorragenden Wasserqualität ein beliebtes Tauchrevier.

Lípari ist die größte Stadt des nach ihr benannten Archipels und liegt an der Ostküste der gleichnamigen Insel. Der wichtigste Treffpunkt ist seit je her der Hafen.

Vom Burgberg Líparis hat man einen großartigen Blick auf den Hafen Marina Corta und das »Inselchen des Fegefeuers« mit der Chiesa Anime del Purgatorio.

Rechts:
Westlich des Burgberges liegt die Neustadt von Lípari. Zum Einkaufen geht man auf den Corso Vittorio Emanuele, der Flaniermeile mit Geschäften, Cafés und Restaurants.

Unten:
Verführerisch präsentiert, locken einheimische Produkte in den Straßen Líparis zum Kauf und Verzehr.

Oben:
Auf den Liparischen Inseln ist neben dem Fremdenverkehr und der Landwirtschaft der Fischfang das dritte wichtige Standbein des Archipels.

Links:
Der Kreuzgang der Kathedrale San Bartolomeo von Lipari stammt noch aus normannischer Zeit. Bei seinem Bau griffen die Baumeister auf antikes Material zurück. Der Rest der Kirche wurde jedoch bereits 1654 im barocken Stil umgestaltet.

DER WESTEN

Die Altstadt von Palermo, dem kulturellen, wirtschaftlichen und politischen Zentrum Siziliens, besticht durch ihre Gegensätze: Orientalisch anmutende Kirchen und Paläste stehen neben den Ruinen verfallener Häuser, dazwischen erstrecken sich Viertel mit einem regelrechten Kleinstadtflair.

Der Westen Siziliens gehört noch immer zu den am wenigsten erschlossenen Regionen der Insel. Sieht man einmal von Agrigento und der Elymerstadt Segesta ab, die seit Goethes Zeiten zum festen Kanon einer klassischen Bildungsreise gehören, so sind die kleineren Städte wie Tràpani oder Mazara del Vallo lange Zeit fast unbeachtet geblieben. Jenseits des touristischen Blickwinkels lagen auch die Ägadischen Inseln, die Strände von San Vito lo Capo und die Buchten des Zingaro Naturparks wurden erst unlängst »entdeckt«. Das älteste Naturschutzgebiet Siziliens lädt zudem zu ausgedehnten Wanderungen auf alten Maultierpfaden ein, Autos und Motorrädern ist die Zufahrt untersagt. Faszinierend ist das mittelalterliche Érice, das auf einem 751 Meter hohen, steil ansteigenden Bergkegel thront. Wenn sich der Nebel über die Gassen legt, wirkt der schon im Altertum für sein Venusheiligtum berühmte Ort seltsam weltentrückt.

Eine Ausnahme bildet selbstverständlich Palermo, dieser schillernde Moloch, der die Vielfalt, das Elend und den Reichtum Siziliens in unnachahmlicher Weise vereint. Wer Palermo nicht kennt, hat Sizilien nicht gesehen, behauptet ein Sprichwort. Und richtig: Die orientalisch anmutenden Kirchen, der Normannenpalast, die farbenfrohen Märkte und vornehmen Cafés zeigen die ganze impulsive Bandbreite des sizilianischen Alltags auf. Lohnend ist sicherlich ein Abstecher zum Dom von Monreale, dessen Chor und Wände mit dem größten Mosaikzyklus des Mittelalters geschmückt sind. Einen deutlichen Gegensatz zum quirlig-morbiden Palermo bildet Cefalù, die Perle unter den Städten an der Nordküste. Überragt von einem riesigen Felsmonolithen, liegt das alte Fischerstädtchen mit seinem Normannendom an einer wunderschönen Bucht.

S I Z I L I E N S

Seite 76/77:
Die Kathedrale von Palermo ist ein Konglomerat mehrerer Stilepochen. Den Grundstein legten die Normannen im Jahre 1185. Der Chor und die drei Apsiden entsprechen dem ursprünglichen Bau noch weitgehend. Die Fassade wird von einem auffallend schönen gotisch-katalanischen Portal geziert.

Unten:
Die Chiesa La Martorana in Palermo, auch Santa Maria dell' Ammiraglio genannt, wurde im 12. Jahrhundert als byzantinische Kreuzkuppelkirche errichtet. Das Innere ist mit prächtigen Goldgrundmosaiken aus der Zeit um 1150 geschmückt, darunter eine Darstellung Rogers II., der durch Christus höchstpersönlich gekrönt wird.

Rechts oben:
Der von exotischen Pflanzen umgebene Kreuzgang von San Giovanni degli Eremiti aus dem 13. Jahrhundert vermittelt eine märchenhafte Atmosphäre. Die auf Doppelsäulen ruhenden Arkaden umschließen die Reste einer arabischen Zisterne.

Rechts Mitte:
Die Chiesa La Martorana ist kein museales Gotteshaus; die Palermitaner lassen in dem traditionsreichen Gemäuer gerne ihre Kinder taufen.

Rechts unten:
Skurrile Totenstadt: In den Katakomben des Convento dei Cappuccini ruhen 8000 mumifizierte Palermitaner. Bis ins 19. Jahrhundert wurden die Leichen von ihren Angehörigen regelmäßig frisch angekleidet.

Links oben und Mitte: *Lange Zeit war die Fontana di Piazza Pretoria bei der Bevölkerung Palermos wegen ihrer nackten Gestalten umstritten. 1573 erwarb die Stadt den Brunnen, der ursprünglich für den Vizekönig Don Pietro de Toledo geschaffen wurde, der ihn jedoch ablehnte. Heute ist der frivole Monumentalbrunnen ein beliebter Treffpunkt im hektischen Stadtleben.*

Links unten: *Palermos Jugend trifft sich abends gerne am Strand des Vororts Mondello, zwölf Kilometer nördlich des Zentrums.*

Unten:
Die Fontana di Piazza Pretoria wird von Nymphen, Göttern und anderen nackten Fabelwesen eingerahmt. 1544 bis 1555 schufen die Florentiner Bildhauer Francesco Camilliani und Angelo Vagherino den monumentalen Brunnen von 133 Metern Umfang.

Linke Seite:
Viele Teile der verschachtelten Altstadt von Palermo bleiben dem Fremden verschlossen. Der verworrene Grundriss und der Aufbau der Altstadt entsprechen großteils noch immer denen der arabischen Zeit, als Palermo noch »Balerm« hieß, woraus sich der heutige Name herleiten lässt.

Im Fuchsbau der Vuccirìa, der Marktstraße Palermos, preisen die Händler wie eh und je ihre Waren mit beschwörenden Gesten und einem orientalisch anmutenden Singsang, der »abbanniata«, an.

Die traditionellen sizilianischen Pferdewagen sind heute nur noch bei speziellen Anlässen zu sehen. Bis 1960 waren die hochrädrigen und reich verzierten Karren gängiges Transportmittel der Bauern.

CUCINA SICILIANA –

Die Kochkunst genießt in Sizilien einen hohen Stellenwert; schon ein römisches Sprichwort wusste: »Siculus coques« (Sizilianer sind Köche). Glücklicherweise hat sich daran bis heute nichts geändert. Die »Cucina Siciliana« gilt in Feinschmeckerkreisen als die anspruchsvollste und abwechslungsreichste der italienischen Regionalküchen, und dies hat historische Gründe: Ob Griechen oder Römer, Araber oder Spanier – sie alle haben ihre Spuren im sizilianischen

Kochtopf hinterlassen. Die Griechen exportierten ihre Wein- und Olivenbaumkultur in die neu gegründeten Kolonien, die Römer machten Sizilien zur Kornkammer Italiens, die Araber kultivierten Artischocken und Auberginen, führten exotische Gewürze ein und kreierten phantasievolle Süßspeisen, während die Spanier aus ihren Kolonien in der Neuen Welt die Tomate mitbrachten, die heute ein unverzichtbarer Bestandteil der italienischen Küche ist. Vor allem bei den Nudelsoßen dienen die geschälten und gekochten Tomaten zumeist als Grundlage. So beispielsweise bei der aus Catania stammenden »Pasta alla Norma«. Diese mit Tomaten, Auberginen, Basilikum, Knoblauch und Ricotta servierten Nudeln gehen allerdings nicht – wie man vermuten könnte – auf die Normannen zurück, denn der Name ist eine Hommage an Catanias berühmtesten Sohn, den Komponisten Vincenzo Bellini und dessen Oper »Norma«. Ein Nudelgericht, das ebenfalls zum Klassiker avanciert ist, kommt hingegen ohne Tomaten aus: »Pasta con le Sarde«, zumeist Spaghetti mit Sardellen, wildem Fenchel, Safran, Pinienkernen und Rosinen.

Links:
Siziliens berühmtester Wein ist sicher der bernsteingelbe Marsala, der seit mehr als 200 Jahren als Konkurrenz zum Porto produziert wird.

Oben:
Die Sizilianer sind für ihre Konditorkunst berühmt. Bei den Süßspeisen treten die arabischen Einflüsse noch deutlich hervor. In ihrer Vielfalt sind sie eine Herausforderung für Kalorienbewusste.

Rechts oben:
Sizilien ist eine Insel, und Meeresfrüchte sind ein fester Bestandteil der sizilianischen Küche – am Besten frisch vom Hafen. Zwischen dem

SIZILIANISCHE KOCHKUNST

EINFACHE ZUTATEN – DELIKATE GERICHTE

Diese Gerichte deuten bereits an, dass die traditionelle sizilianische Küche bodenständig ist; eine Küche der Armen, die es verstanden haben, aus einfachen Zutaten wie Kapern, Hirse, Kichererbsen, Schnecken, Olivenöl sowie dem obligatorischen Thymian und Rosmarin delikate Gerichte zu zaubern. Als Nationalgericht gilt die »Caponata«, eine Vorspeise, die aus Auberginen, Kapern, Kürbis, Tomaten, Oliven und gelegentlich auch Sardellen zubereitet wird. Einfach und günstig ist die sizilianische Variante des Fast Food: »Arancine«, kleine panierte Reisbällchen, die zumeist mit Erbsen und Fleisch gefüllt sind und im siedenden Fett goldgelb gebräunt werden.

Sizilien ist bekanntlich eine Insel und daher wird in jedem Restaurant ein großes Angebot an Fisch und Meeresfrüchten offeriert. Am Morgen noch fangfrisch von den Händlern am Fischmarkt angepriesen, sorgt er schon Stunden später für köstliche Tafelfreuden. Besonders beliebt ist der dekorative Schwertfisch (»Pesce spada«), der traditionell zubereitet zusammen mit Oliven, Tomaten, Zwiebeln und Kapern in Öl gesotten wird. In Messina versteht man sich seit der normannischen Zeit auf die Zubereitung von Stockfisch. Je nach Tagesangebot kommen Thunfisch, Seeigel, Tintenfisch oder eine gegrillte Dorade auf den Tisch.

Einen weiteren kulinarischen Höhepunkt markieren die Süßspeisen, bei denen die arabischen Einflüsse noch deutlich zu schmecken sind. Die Hauptzutaten der Zuckerbäcker sind Mandeln, Ricotta, getrocknete Früchte, Pistazien, Honig und Nüsse. Das Ergebnis sind leckere Mandelkonfekte, aber auch luftige Teigröllchen mit einer raffinierten Quarkfüllung. Selbstverständlich sollte niemand Sizilien verlassen, ohne sich dem Eisgenuss gewidmet zu haben. Die Kunst des Eismachens geht auf die Araber zurück, die den Schnee vom Gipfel des Ätna als Basis für köstliche gekühlte Getränke nutzten. Mit Zucker und Fruchtmark verrührt, wurde aus dem Schnee eine leckere »Granita«, die viele Sizilianer noch heute im Sommer zum Frühstück löffeln. Ein gefrorener Traum ist auch die »Cassata Siciliana«, eine Schichttorte aus Biskuit und Ricotta mit kandierten Früchten, die je nach Lust und Laune mit Schokoladen-, Zimt- oder Vanillegeschmack verfeinert wird.

Fang und dem Verkauf (hier auf der Vucciría, der Marktstraße Palermos), liegen oft nur wenige Stunden.

Rechts:
Eine Gaumenfreude sind »Fusilli alla siracusana«: Spiralnudeln mit einer Sauce aus Auberginen, Tomaten, Oliven und Kapern, garniert mit Basilikum.

Unten:

Der Monte Pellegrino, ein imposanter, 606 Meter hoher Kalksteinklotz, prägt die Bucht von Siziliens Metropole Palermo. Allerdings gehört heute viel Phantasie dazu, den Berg für das »schönste Vorgebirge der Welt« zu halten wie Johann Wolfgang Goethe bei seiner Sizilienreise im Jahre 1787.

Rechts oben:

Die Cappella Palatina im Normannenpalast Palermos ist berühmt für ihre prachtvollen Mosaikzyklen und Ornamente. Zur Ausstattung zählt neben dem Thron Rogers II. auch die einzige erhaltene normannische Kanzel Siziliens.

Rechts Mitte:
Als Motive für die bunten sizilianischen Karrenwagen, den früheren Transportmitteln der Bauern, dienten häufig historische Themen.

Rechts unten:
Palermos Kirche San Cataldo steht deutlich in der arabisch-normannischen Bautradition.

Die Längsausrichtung betonen drei arabische Kuppeln über dem Mittelschiff der Basilika.

VILLANTI
SOUVENIRS
DEL DUOMO
SOUVENIR

Seite 88/89:
Nach Taormina ist Cefalù der meistbesuchte Ferienort Siziliens. Das architektonische Schmuckstück des Städtchens ist der Normannendom, eine dreischiffige Basilika, die vor allem durch die faszinierenden Mosaikarbeiten byzantinischer Meister beeindruckt.

Links:
Der Corso Ruggero ist ein beliebter Treffpunkt für Jung und Alt. Die Haupteinkaufsstraße von Cefalù zieht sich von der Piazza Garibaldi durch den gesamten historischen Ortskern.

Unten:
Am alten Hafen von Cefalù an der mittleren Nordküste werden die bunten Fischerboote wie seit Jahrhunderten auf den Strand gezogen.

Linke Seite:
Das Innere des Doms von Monreale schmückt der größte Mosaikenzyklus des Mittelalters, ein imposanter Bilderteppich des Alten und Neuen Testamentes, dessen Krönung das Bild des Pantokrators in der Hauptapsis darstellt.

Die Fassade der drei Ostapsiden des Doms von Monreale ist reich verziert. Die Baumeister inszenierten mit schwarzer Lava und hellem Tuffstein eine spannungsvolle Blendarchitektur.

Der Kreuzgang des Doms von Monreale, einer einstigen Benediktinerabtei, präsentiert sich als harmonisches Potpourri: Seine vier Flügel werden von 228 Doppelsäulen eingerahmt, wobei kein Säulenpaar dem anderen gleicht.

Seite 94/95:
Der Thunfischfang hat viel von seiner einstigen Bedeutung eingebüßt. Geblieben sind die verlassenen Thunfischfabriken wie die Tonnara di Scopello vor eindrucksvoller Naturkulisse.

Rechts:
Faszinierendes Naturschauspiel: Sonnenaufgang über dem Golfo di Castellammare.

Oben:
Kaktusfrüchte: eine köstliche Versuchung am Straßenrand. Wegen ihrer unzähligen kleinen Stacheln muss man sich den Früchten mit Vorsicht nähern.

Links:
Das Naturschutzgebiet Zingaro ist der älteste Naturpark Siziliens; er beherbergt eine große Pflanzen- und Tiervielfalt: 39 Vogelarten, darunter Raubvögel wie Mäusebussard, Turmfalke und Königsadler, ziehen hier ihre Jungen groß – dies sind weit mehr Vogelarten als in jedem anderen Küstenabschnitt der Insel.

Unten:
Die Kleinstadt Castellammare del Golfo liegt malerisch an einer halbmondförmigen Bucht an der Nordküste Siziliens. Die Hafenstadt wurde ursprünglich als Hafen der Elymerstadt Segesta angelegt.

In der Nacht zum 15. Januar 1968 wurde die gesamte Ortschaft Gibellina durch ein Erdbeben vollkommen zerstört; kein Haus blieb verschont.

Die Bewohner zogen in das wenige Kilometer entfernt errichtete Planstädtchen Gibellina Nuova, für dessen Bau zahlreiche Künstler moderne Skulpturen spendeten und das Städtchen in ein lebendiges Museum verwandelten.

Das zerstörte Gibellina Vecchia verwandelte Alberto Burri in ein überdimensionales Kunstwerk: Der Bildhauer hat den alten Dorfkern einbetoniert und ein »Leichentuch« aus Zement geschaffen.

Noch immer erinnern einzelne Ruinen wie dieses zerstörte Bankgebäude an die Erdbebenkatastrophe, die das ganze Landstädtchen Gibellina Vecchia zerstörte.

Seite 100/101:
»Ein Essen ohne Wein ist wie ein Tag ohne Sonne«, sagt schon ein altes sizilianisches Sprichwort. Nach schweren Krisen wird der sizilianische Weinbau heute wieder für seine Qualität gelobt, hier eine Reblandschaft bei Segesta.

Die Elymer bauten bei Segesta ein antikes Theater im Osten des Tempels, das in 415 Metern Höhe die natürlichen Gegebenheiten des Monte Bárbaro ausnützt. 100 v. Chr. errichteten die Römer ein Bühnenhaus, von dem allerdings nur noch die Fundamente vorhanden sind.

Linke Seite:
Die unter griechischem Einfluss stehenden Elymer errichteten etwas außerhalb ihrer antiken Hauptstadt Segesta einen Tempel im dorischen Stil um das Jahr 426 v. Chr., der jedoch nie fertig gestellt wurde. Die gewaltigen Säulen blieben ohne Kanneluren und die Kapitelle sind nicht vollendet.

Segesta, einst neben Eryx und Entelia eine wichtige Elymerstadt, liegt heute einsam im Landesinneren, einzig ein paar Schäfer ziehen mit ihren Herden durch die Hügellandschaft vor dem dorischen Tempel.

DIE ILLUSTRE SCHAR DER

Die touristische »Entdeckung« Siziliens begann erst vergleichsweise spät, in der zweiten Hälfte des 18. Jahrhunderts, da Sizilien nicht zu den traditionellen Zielen einer Kavalierstour gehörte. Kein Nordeuropäer kam weiter als Neapel. Sizilien, die größte Insel im Mittelmeer, galt als uninteressant. Dies änderte sich erst mit Johann Hermann Baron von Riedesel. Nicht nur als erster deutscher Kulturreisender, sondern als einer der ersten Bildungsreisenden überhaupt besuchte er im Jahre 1767 Sizilien. Beauftragt von seinem Mentor und Freund Johann Joachim Winckelmann, die Zeugnisse der einstigen griechischen Kolonien entlang der noch weitgehend unbekannten Küsten Süditaliens und Siziliens zu beschreiben und zu vermessen, schiffte sich Riedesel nach Palermo ein.

Als sozialkritischer Beobachter wanderte Seume im Geist der Aufklärung durch Sizilien und machte allenthalben eine tiefe Kluft zwischen Antike und Gegenwart aus. Präzise notiert er die soziale Ungerechtigkeit und die ökonomische Misswirtschaft: »Nie habe ich eine solche Armut gesehen, und nie habe ich mir sie so entsetzlich denken können. Die Insel sieht im Inneren furchtbar aus. Hier und da sind einige Stellen bebaut, aber das Ganze ist eine Wüste, die ich in Amerika kaum so schrecklich gesehen habe.« Seume interessierte sich weniger für die Kunstdenkmäler, vielmehr ging es ihm darum, das Alltagsleben der Italiener volkstümlich und realistisch darzustellen, so wenn er sich in Grigenti – dem heutigen Agrigento – über den »bestialischen Makkaronenfraß« mokierte: »Ich habe vernünftige Ärzte in Italien darüber sprechen hören, dass jährlich in der Fasten eine Menge Menschen an der verdammten Paste sich zu Tode kleistern; denn der gemeine Mann hat die ganze lange Zeit über fast nichts anders als Makkaronen mit Öl.«

Rechts: *Agrigentos Tal der Tempel begeisterte seit je die Dichter und Maler. Der Juno Lacinia-Tempel steht an der obersten Stelle der Tempelreihe.*

Links unten: *Die 25 noch aufrecht stehenden Säulen des Juno Lacinia-Tempels waren schon immer ein beliebtes Motiv: 1785 wurden sie von Jacob Philipp Hackert in Öl verewigt.*

Oben: *Johann Wolfgang Goethe rühmte den Monte Pellegrino in der Bucht von Palermo als »schönstes Vorgebirge der Welt«, hier in einer alten Ansicht von 1787.*

Seite 105 oben: *Mit seinem Hofbaumeister Leo von Klenze bereiste Ludwig I. 1823/1824 Sizilien und brachte Stilelemente der Antike nach Bayern, die in den zahlreichen klassizistischen Bauten aufgingen.*

Genährt von der Sehnsucht nach Hellas, avancierte Sizilien alsbald zu einem beliebten Ziel für gräkophile Reisende. In die illustre Schar der Sizilienreisenden hatte sich neben Johann Wolfgang von Goethe und August von Platen auch Ludwig I. eingereiht, der sich später seinen griechischen Traum mit der Walhalla, dem in der Nähe von Regensburg errichteten »teutschen« Ruhmestempel im dorischen Stil, erfüllte. Goethe selbst empfand die sizilianische Landschaft gar als einen lebendigen Kommentar zur »Odyssee«. Johann Gottfried Seume las zwar seinen Theokrit, während er auf die Besohlung seines einzigen Stiefelpaares wartete, doch hebt sich sein »Spaziergang nach Syrakus« von den anderen frühen Reisebeschreibungen Siziliens deutlich ab.

EXPEDITIONEN IN EINE FREMDE WELT

Die ersten Reisen durch Sizilien waren vergleichbar mit einer Expedition in eine geografische und kulturelle Fremde. Genaue Routen und Stationen waren unbekannt, der Reisende war angewiesen auf die Orientierungshilfe und die Gastfreundschaft der »Eingeborenen«. Gasthöfe waren höchstens in Palermo oder Catania zu finden, ansonsten musste man bei der abendlichen Quartiersuche mit jedem noch so kargen Dach zufrieden sein – zur Freude von Flöhen, Wanzen und Läusen. Doch schon seit der Mitte des 19. Jahrhunderts gehörte Sizilien zum festen Kanon bürgerlicher Reiseziele.

SIZILIENREISENDEN

Der Bedarf an »aktuellen« Reiseführern nahm zu. Mit Karl August Schneegans beschäftigte sich 1886 erstmals ein Autor ausschließlich mit der Insel. Schneegans, der als deutscher Konsul längere Zeit in Messina gelebt hatte, kritisierte auch die Begleiterscheinungen des Kulturtourismus: »Setzt man sich heutzutage an eine Table d'hôte in Syrakus nieder, so dringen von allen Seiten bekannte Laute an unser Ohr, und auch bekannte Gesichter sind es, die uns umgeben und uns ihrerseits wie einen alten Bekannten anschauen.«

Dieser Schreckensvision zum Trotz ist Sizilien bis heute von den Auswirkungen des Massentourismus weitgehend verschont geblieben. Der Fremdenverkehr spielt in Sizilien – verglichen mit anderen Mittelmeerinseln wie Mallorca oder Kreta – eine eher unbedeutende Rolle. Und sieht man von den Küstenregionen ab, so verfügen weite Teile der Insel noch heute über keine touristische Infrastruktur.

P. Brydone's
Reise
durch
Sicilien und Malta,
in Briefen
an William Beckford, Esq.
zu Somerly in Suffolk.
Zweyte nach der neuesten Englischen Ausgabe
verbesserte Auflage.
Nebst einer Charte von Sicilien und Malta.

Erster Theil.

Leipzig,
bey Johann Friedrich Junius. 1777.

Frühe Reiseliteratur: Aus dem Jahre 1777 stammt die »Reise durch Sicilien und Malta« von Patrick Brydone, die einen Reisebericht mit Schilderungen der Landschaften und des Volkslebens enthält.

Links:
Wie ein verwunschenes Eiland ragt der nördlich von Érice gelegene Monte Cofano aus der Morgendämmerung.

Unten:
Die Chiesa Matrice ist Érices bedeutendster Kirchenbau. Sie wurde im Jahre 1314 aus Steinen antiker Bauten neben dem bereits 1312 errichteten Campanile erbaut. Die gotische Vorhalle stammt aus dem Jahre 1469.

Oben:
Das von den Elymern gegründete Érice ist eine der ältesten Städte Siziliens, Reste einer karthagischen Stadtmauer sind bis heute erhalten geblieben. In den mittelalterlichen Gassen und auf den schönen Plätzen findet man eine unvergleichliche Atmosphäre.

Wenn dichte Nebelschwaden die Teilnehmer der Karfreitagsprozession einhüllen, glaubt man sich ins Mittelalter versetzt, besonders vor dem trutzigen Campanile neben der Chiesa Matrice (linke Seite). Kaum ein anderer Ort wirkt dann dem alltäglichen Inselleben so weit entrückt wie Érice. Unheimlich verhüllte Gestalten tragen ganze Altäre mit Darstellungen aus der Passion Christi durch die Gassen von Érice.

Seite 110/111:
Aufgrund der auffälligen Form der Landzunge wurde die westsizilianische Metropole Tràpani in der Antike »Drepanon« (Sichel) genannt. Trotz des antiken griechischen Namens war Tràpani ein Stützpunkt der Karthager, die hier einen Kriegshafen unterhielten.

Das Castello Pépoli in Érice wurde an der Stelle der antiken Akropolis errichtet.

Allmorgendlich fährt dieser Fischer aufs Meer hinaus. Rund 25 000 sizilianische Fischer sorgen für ein Fünftel des gesamten Fischfangs Italiens.

In der Lagune zwischen der Insel Mózia, auch San Pantaleo genannt, und der Küste wird nach alter Methode Salz durch Verdunstung gewonnen. Die Salinen prägen das Bild bis nach Tràpani.

Vom Castello di Venere, dem Venusschloss, in Érice hat man einen herrlichen Blick über die Küstenlandschaft zum Monte Cofano.

Seite 114/115:
Marsala – schon allein der Klang des Namens ist ein Gedicht. »Marsa al Allah«, der Hafen Allahs, wurde die Stadt von den Arabern genannt. Ein festlicher Anblick: Die Piazza Repubblica mit dem Duomo San Tomaso und dem Palazzo VII Aprile.

Rechts:
Die Gründonnerstags-prozession in Marsala erinnert an Christus' Weg nach Golgatha. Alle, auch die Ordnungshüter, sind an diesem Tag auf den Beinen.

Unten:
Schwer tragen die »Veronikas« auf der Gründonnerstags-prozession in Marsala an ihren kostbaren Hauben aus Gold und echten Edelsteinen.

Auf der Mysterienprozession am Gründonnerstag in Marsala mischt sich Sakrales mit Showeffekten, gläubige Demut mit dem Hang zur prunkvollen Schaustellung. So gehören zur Prozession nicht einer, sondern insgesamt fünf Darsteller mit Christusmaske und Dornenkrone, sowie mehrere das Schweißtuch Christi tragende »Veronikas«.

Unten:
In vielen Weinkeltereien Marsalas, »bagli« oder »stabilimenti« genannt, werden Kostproben des berühmten gleichnamigen Dessertweines offeriert. Eine der größten ist hier das Stabilimento Florio. Die Produktion von Marsala wurde 1773 von dem Engländer John Woodhouse begründet, um dem Portwein Konkurrenz zu machen.

Rechts oben:
Aus Grillo-, Damaschino-, Insolia- und Catarratto-Trauben von einem über 12 000 Hektar großen Rebland entsteht der 13- bis 16-prozentige Marsala.

Rechts Mitte:
Auch wenn die Hauptarbeit für die Weinbauern auf dem Feld liegt, verbringt der Marsala

einen guten Teil seiner Herstellungszeit im Keller: Zwischen vier Monaten und fünf Jahren muss der Wein reifen.

Rechts unten: *Florio gehört zu den einheimischen Firmen, die Marsala herstellen, neben den altenglischen, die sich nach der Einführung des Dessertweines durch John Woodhouse in der Umgebung von Marsala niederließen.*

Links oben:
Eine der größten und bedeutendsten Stätten der Antike ist Selinunte mit seinen acht griechischen Tempeln, die mit Buchstaben benannt wurden, da meist nicht überliefert ist, welchen Gottheiten sie geweiht waren. Der Tempel A hier stammt aus der Zeit um 450 v. Chr.

Links Mitte:
Vor allem das antike Agrigento ist ein wunderbares Beispiel für die Baukunst der Griechen Dies wird besonders deutlich am Juno Lacinia-Tempel.

Links unten:
Monumental wirkt der Tempel E von Selinunte mit seinen über zehn Meter hohen Säulen. Er war der Hera geweiht und wurde in den Jahren 465 bis 450 v. Chr. errichtet.

Unten:
Harmonisch wirken die klassischen Proportionen des Concordia-Tempels in Agrigento von 6 mal 13 Säulen. Um 425 v. Chr. erbaut, ist er der besterhaltene dorische Tempelbau Siziliens, da er im 6. Jahrhundert in eine Kirche umgewandelt wurde und so einer Zerstörung entging.

REGISTER

N
C. S. Vito
Terrasini
Golfo di Castellammare
I. di Lévanzo
Tràpani
Castellammare
Partinico
I. Favignana
Paceco
Álcamo
Calatafimi
Camporeale
Marsala
Salemi
Val di M
S. Ninfa
Partanna
Castelvetrano
S. Margherita
Mazara del Vallo
Campobello di Mazara
Sambuca
Sciacca
Mitt

Äolische Inseln
I. Alicudi
I. Filicudi
I. Salina
I. Panarea
I. Lipari
I. Vulcano
Tyrrhenisches Meer
C. di Milazzo
P. del Faro
C. Gallo
Mondello
Carini
Palermo
Bagheria
Misilmeri
Marineo
Tèrmini
Cefalù
S. Stèfano
S. Àgata
Patti
Milazzo
Golfo di Patti
Barcellona
Messina
Straße von Messina
Réggio di Calàbria
KALAB-RIEN
Monti Peloritani
S. Fratello
Castelbuono
Mistretta
Madonie
Nebrodi
Ciminna
Monte-maggiore
Caltavuturo
Petralia-Sottana
Randazzo
Francavilla
S. Teresa
Taormina
Lingua-glossa
Giardini-Naxos
Troina
Bronte
Ätna
3350m
Riposto
Lercara
Prizzi
Nicosia
Vallelunga
SIZILIEN
Agira
Regalbuto
Adrano
Cammarata
S. Stéfano
Leonforte
Acireale
S. Caterina
Villarosa
Enna
Paternò
Casteltérmini
Cianciana
Ribera
S. Cataldo
Caltanissetta
Valguarnera
Catània
Serradifalco
Cattòlica
Piana di Catània
Ionisches Meer
Aragona
Pietraperzia
Piazza-Armerina
Ramacca
Golfo di Catània
Canicattì
Porto Empèdocle
Favara
Agrigento
Mazzarino
Lentini
Riesi
Campobello
Ravanusa
Caltagirone
Augusta
C. S. Croce
Palma di Montechiaro
Butera
Vizzini
Niscemi
Monti Iblei
Licata
Floridia
Gela
Palazzolo
Siracusa
Golfo di Gela
C. Murro di Porco
Vittoria
Cómiso
Ragusa
Ávola
Noto
Mòdica
S. Croce
Rosolini
Golfo di Noto
Scicli
Pozzallo
Pachino
Mittelmeer

Fähren verbinden Sizilien über die Straße von Messina mit dem Festland und den kleineren Inseln des Liparischen Archipels.

Impressum

Buchgestaltung
hoyerdesign grafik gmbh, Freiburg

Karte
Fischer Kartografie, Aichach

Printed in Germany
Repro: Artilitho, Trento-Lavis, Italien
Druck/Verarbeitung: Offizin Andersen Nexö, Leipzig

www.verlagshaus.com

ISBN 978-3-8003-1695-3

Unser gesamtes Programm finden Sie unter:
www.verlagshaus.com

Stürtz